AF397862

Kustantaja: BoD · Books on Demand,

Mannerheimintie 12 B, 00100

Helsinki, bod@bod.fi

Kirjapaino: Libri Plureos GmbH,

Friedensallee 273, 22763 Hampuri,

Saksa

ISBN: **978-952-80-9448-7**

TYÖTTÖMIEN RUOKAILU

Trilogian ensimmäinen osa

Mutta miten vähän on
mitä toivoa
Miten vähän uskaltaa toivoa.

Työttömien lukumäärä on
kasvanut niin suureksi
että se käy työstä.

Korvauspäivä
Kuu taivaalta.

Kuinka monta kertaa
maito on juotu sirpaleista?

Minäkuva tulee valmiiksi
urakkapalkalla.

Luvut ovat ihmisiä.

Köyhyys on havainto
kuin auto joka äkisti
jarruttaa ylittäessäsi katua.
Mitä tahansa saattaa sattua.

Milloin meistä tuli sovelluksia
tekstinkäsittelyohjelmia?

Katson ikkunasta

mutta rakennukset edessä.

Ei ole aikaa kaivata.

Teko-älyyn turvautuminen

tarkoittaisi että

nyt nopat heittäisivät meitä.

Kaikki asiakirjat päätyvät
lopulta paperinkeräykseen
Kuin pehmeä kolehti.

Ensimmäinen kivi
jää aina meihin
Toinen lampeen.

Odotat vuoroasi
Käytävät kasvavat
Puhe katkaisee ne.

Sinulle ei luvata mitään
Kaiken olet siis saanut.

Ilman normeja ei olisi haaveita.
Nälkäsi pitää sinut kylläisenä.

Tämä paikka ei ole enää
paikka
johon voisi tulla takasin
niin
että se olisi sama.

Päätökset kertovat sinut

Et näe itseäsi
kuten muut näkevät.

Odotat kuin hukkunut
että kykysi löydetään.
Tyhjäät saappaasi keuhkot
lattialle.

Jokaisen asiakkaan välissä
on ihmisen mittainen tauko.

Käsiteltävä varoen
Sisältää
ihmisen osan.

On kaksi totuutta
Toinen on matemaattinen.

Toinen puoli jumalasta
on selkäpuoli.

Virkailija syö mandariinia
Keskustelumme siemen
Vatsassani kasvaa puu
Mykiöiden mustat hedelmät.

Kello kuuteentoista mennessä
rikkimenneen sirpaleet on lakaistu
käytävältä.

Syrjäytynyt sana alkaa nousta
päähän
Humallun siitä
että minusta
yritetään saada selvää.

Virkailijan koputus oveen
toistaa huoneen.

minun olisi sopeuduttava

maailmaan

eikä sen minuun.

Etsin paikkoja joita ei ole
Tuskin on paratiisia ja helvettiäkään
Mutta kirjoittamalla meidät on
saatu uskomaan niin
Mistään pyhästä ei ole kirjoitettu
Mitään niin pyhää ei ole tahdottu niin
paljon
että jostakin löytyisi maininta joka
pelastaisi ihmisen
palauttaisi uskon
tarkoitukset elämään.

Keinoäly laajentaa tietoisuutta
Nyt sitä kutsutaan meditoimiseksi
Odotamme valmiita vastauksia
Vastauksia ei ole
Mitä me niillä tekisimme
Pilaisivat kaiken nautinnon
Vastaukset kytkevät meidät koneeseen
Emme saa olla arvaamattomia tai
henkisiä
Henkisyys ei sovi tieteelle
Mutta tekoäly pakottaa tieteen runolliseksi
Lopulta tiede todistelee henkien
olemassaoloa
Jotenkin olisi selitettävä selittämätön
Annettava ihmeelle nimi
toivoa.

Etiketti on täysi vatsa
Runoilija istuu yksin
Tuurijuoppo insinööri kehuu suolan
määrää sopivaksi
Arim mainitsee syyrialaisen lammaspadan
Feri kaipaa olutta
Messinkiset lusikat välähtävät
Tiistain apeuteen ja hampaat ovat
tiukasti kiinni työllisyysministerin lihassa
vaikka nälkä on toisenlaista
jokainen syö lautasensa tyhjäksi.

Therian

Ruokalassa emme esittäydy.
Anonymiteetti jotta
sisäiselle kauneudelle jäisi rakkaus.

Vikistä ei ollut kuolinilmoitusta

Se tapas käydä syömässä täällä joka torstai

Tapamme ikävöidä sitä, joka ei ole läsnä,
mutta sillä tavalla kuin rakastetaan, on.

Eivät täällä kaikki ole alkoholisteja
Monet eivät juo lainkaan
vaan heitä juodaan.

Täällä yhteinen kieli
on hiljaisuus
kiitollisuuden kieli.

Hernekeittoa ja väkeä
tavallista vähemmän
Ruokaa riittää enemmän
Globalisaation kasvu on
näkymätöntä kritiikkiä.

Heidän välillään on
huomaamaton yhteys
Kuin heidät olisi virkattu
yhteen näkymättömällä langalla.

Vaitiolo on hiljaista hyväksymistä
Vuoronumero on olemassaolon
numero.

Yksi ihminen vastaa
kymmensormijärjestelmää.
Päätöksiä ei riitä jokaiselle

niille jotka dallaa sateessa

Toisilla on kellot ja toisilla aikaa.

Keittäjä kuten sunnuntai

rinnat sydäntä täynnä.

Sähköinen asiointi
Että olisi olemassa
edes digisti bitti.

Kirjeet ja päätökset

joissa vain nälkä on totta.

Karenssipäätös
Mielikuva jumalasta kohdussa
Että sinun täytyy auttaa
hänet maailmaan
jota ei vielä ole.

Toivolla selitetään kaikki
mikä ei tule tapahtumaan.

Silti kiittäisin päivää
joka oli yhtä köyhä kuin
edellinen
sillä jos köyhä olisin rikkaanakin
en tietäisi mistä kiittää.

Hakemus etuuskäsittelijälle:
Anna tietoja itsestäsi
Haluaisin antaa sinulle kasvot
Haluaisin sinut lihaksi
niin kuin kirjekuoressa voi
lihaksi tulla.

Sinua varten ovat normit
ja vaikka et sopisi
sinut saadaan lokeroon
Ruokajono on yhteiskunnan
hintalappu.

Kun ihmisiä lokeroidaan

täytyy huomioida työergonomia.

Köyhyydessä on valtavasti

potentiaalia

joka varakkaissa toteutuu.

Tänään oli maksalaatikkoa.
Näkyykö se minusta?

Ketsupilla tilanne on eri.

Ruokailun ylle lankeaa
hiljainen ehkä.

Jollakin on lottokuponki
taskussa
Jollakin viinapullo.

Elinehto seuraava
ilmainen ruokailu.

Toisinaan auringon säteet ikkunassa
paljastavat karmien
pyyhkimättömät pölyt.

Reiskaa ei tänään näkynyt.

Hessulta katkaistiin sähköt.

Meidät on kasvatettu niin että

kiitoksella selviää.

Jonella on kolme skidiä ja sen

vaimo siivoo rappuja.

Näillä on tultava toimeen perkele.

Lusikoiden haarukoiden
ja veitsien vektorit
suuntanaan
alati muuttuvat tyytyväisyydet.

Anna lapsellesi aikaa

mutta mitä jos aika perutaan?

Ei oikeastaan ole väliä

mihin aikaan herää.

Työttömyys

Uutistenlukija saa sen kuulostamaan

toiveikkaalta.

Aivan kuten bensan hinnan.

Totuus löytyy kaurapuurosta

jos sitä on.

Taas hernekeittoa.

Permakulttuurilehdessä Professori Robert Theopoldin ajatuksia:
"Palkkatyö ei ole oikea peruste jakaa resursseja jälkiteollisessa maailmassa.
-"On määriteltävä uudelleen mikä on työtä ja mikä ei ole työtä."
-"Vain pieni osa työvoimasta tuottaa peruselintarvikkeita ja palveluja."
-"On opittava iloitsemaan uudenlaisista asioista ja löytämään erilaisia päämääriä kuin oli niillä, jotka ovat päästäneet globaalin talouden tähän pisteeseen."
-"On muutettava kaikki sellaiset asenteet ja tavat, jotka tukevat taloudellista ja teollista kasvua."
-"Erityisesti se mitä syömme vaikuttaa tämän planeetan pärjäämiseen."
-"Muutoksen aikaansaamiseksi vaaditaan arvojen ja maailmankuvan täydellinen muutos. Kaikki kilpailuun viittaavakin on lopetettava."

Vain harvalla työllä on merkitystä

ekologialle, rakkaudelle,

hyväksytyksi tulemiselle.